U0061214

新雅 • 成長館

情緒 小管家

趕走失望，向前行

吉爾·赫遜　著

莎拉·詹寧斯　繪

當事情不像我們希望的那樣發展時，我們往往會感到失望。

這本書會教導你面對失望的感覺，使你繼續向前行。

新雅文化事業有限公司

www.sunya.com.hk

新雅・成長館

情緒小管家：趕走失望，向前行

作　　者：吉爾・赫遜（Gill Hasson）
繪　　圖：莎拉・詹寧斯（Sarah Jennings）
翻　　譯：何思維
責任編輯：劉紀均
美術設計：鄭雅玲
出　　版：新雅文化事業有限公司
　　　　　香港英皇道499號北角工業大廈18樓
　　　　　電話：（852）2138 7998
　　　　　傳真：（852）2597 4003
　　　　　網址：http://www.sunya.com.hk
　　　　　電郵：marketing@sunya.com.hk
發　　行：香港聯合書刊物流有限公司
　　　　　香港荃灣德士古道220-248號荃灣工業中心16樓
　　　　　電話：（852）2150 2100
　　　　　傳真：（852）2407 3062
　　　　　電郵：info@suplogistics.com.hk
印　　刷：中華商務彩色印刷有限公司
　　　　　香港新界大埔汀麗路36號
版　　次：二〇二一年一月初版
　　　　　二〇二一年七月第二次印刷
版權所有・不准翻印

ISBN: 978-962-08-7648-6

Original Title: *KIDS CAN COPE : Bounce Back from Disappointment*
First published in Great Britain in 2021 by The Watts Publishing Group
Copyright in the text Gill Hasson 2021
Copyright in the illustrations Franklin Watts 2021
All rights reserved
Edited by Jackie Hamley
Designed by Cathryn Gilbert

Franklin Watts, an imprint of Hachette Children's Group
Part of The Watts Publishing Group
Carmelite House
50 Victoria Embankment
London EC4Y 0DZ
An Hachette UK Company
www.hachette.co.uk
www.franklinwatts.co.uk

Traditional Chinese Edition © 2021 Sun Ya Publications (HK) Ltd.
18/F, North Point Industrial Building, 499 King's Road, Hong Kong
Published in Hong Kong, China
Printed in China

目錄

失望是什麼?

　　當事情未如你所想或你希望的情況發生時,你就會感到失望。

　　也許你曾經因為身體不適,未能參加學校旅行而覺得失望。

也許你曾經因為錯過了巴士，要等下一班車而感到失望。

又或許你曾經因為玩遊戲時輸掉了，而覺得失望。

失望時，你會有什麼感覺？

失望的感覺會令你十分難過，也會令你感到沮喪。

失望的感覺亦會使你生氣，覺得事情很不公平。

　　有時候，你可能只是對某些事情感到有點失望。
可是，如果那些是你本來就很希望發生的事情，或者
是一些你期待已久的事，那麼你就可能會感到非常失
望了。

失望時，你會怎樣做？

　　有時候，你可能會為了某件事而失落了一陣子，然後你就可以放下這件事，繼續做其他事情。但有些時候，失望的感覺就是揮之不去。

　　如果你認為某人讓你失望了，也許你不願意再跟他們說話，或是參加他們的活動。

有些時候，你覺得失望透頂了，什麼事也不願再嘗試，乾脆放棄了。

當你陷入失望時，
會發生什麼事？

　　你感到失望的時候，難免會覺得難過、沮喪，還可能會覺得煩惱、生氣，並想獨自靜一靜。

　　可是，如果你長時間陷入失望的情緒，總是想着一些讓你失望的事，或是一些沒有像預期般發生的事，這對你並沒有好處。

小心
失望纏身！

換個角度思考

　　與其把自己困在失望的感覺裏，倒不如往積極的一面想。你要想想以後可能會發生的好事，而不是那些沒有發生的壞事。

　　艾芭入場支持她心愛的足球隊。當球隊輸掉比賽後，她感到非常失望，並對自己說：「這已經是他們第二次落敗了！真沒用啊！」

可是，她又想：「我是多麼希望球隊會獲勝，他們今場的表現真令人失望。不過，距離下一場比賽還有兩個星期，球員們還有很多時間可以改進啊。」

改變做事的方式

　　當你對某件事、某個人，甚至是對自己很失望時，請你嘗試專注於自己可以做到的事，而不是辦不到的事。

　　小傑是話劇班的成員，他希望成為話劇的主角，發揮他演戲和唱歌的才能。可是小傑在選角的階段中忘記了自己的對白，結果老師選了他的朋友帕夫當主角。小傑感到十分失望。

　　不過，與其繼續失望下去，小傑決定要好好記着
自己獲派角色的對白，並且盡力做到最好。他還下定
決心，在下次學校話劇的選角時，要爭取成為主角。

祝賀勝利者

　　當你得不到想要的東西，或是事情不如你所想的發展時，你便會感到失望。雖然如此，但當你看見別人做得好時，也應該為他們感到高興，並祝賀他們，跟他們說句「做得好」。別人做得好的時候，你友善地對待他們，是一件積極而且美好的事。

你做得真好！
恭喜你成為了主角。

　　當然，要你在失望時稱讚別人，是不容易做到的。要是你自己把事情弄得一團糟，或是事情沒有像預期那樣發生，你就會對自己感到失望，此時就更難去祝賀別人了。但你還是要努力試一試！而且，當你嘗過失望的滋味，也就能善待其他有同樣感受的人了。

繼續嘗試！

當你下次感到失望時，應該做些什麼呢？那就是繼續嘗試，別老是想着過去改變不了的事。

如果你想做好某件事情，是需要多加練習的。在過程中，你可能會遇上挫折，也可能會犯錯。但只要你繼續嘗試，就一定會越做越好。

威廉因為對自己的測驗成績不好而感到失望。於是，威廉請他的老師幫忙，希望自己下次測驗的成績會有進步。

後備方案

　　有時候，同時預備應變計劃能讓你更得心應手。那麼當原定的計劃不順利，沒有按你預期和希望般進行時，你就可以採用應變計劃了。

　　假設你計劃好要在公園舉行野餐派對，這就是你的原定的計劃。

　　而應變計劃則是，要是派對當天天氣又冷又濕，你會怎樣做呢？

下雨了！幸好我們做了應變計劃。那麼，我們就在室內舉行派對吧。

因為你一早想好要是天氣轉壞時該怎樣做,所以現在你就可以繼續在室內舉行派對了!

多一點**行動**，少一點**失望**

　　有時候，你無法阻止令人失望的事情發生，但是你可以決定怎樣去克服這種感覺。

　　有些人也許會告訴你，他們打算做些什麼。可是，後來突發的事情發生了，他們無法做到自己承諾過的事，這很可能會令你非常失望。

　　柏莉的爸爸應承星期六帶她和弟弟湯姆去游泳。可是，到了星期五晚上，爸爸打電話來，說自己感到很抱歉，因工作關係明天無法帶他們去游泳。

好吧。

柏莉和湯姆感到很失望。可是，他們不希望整個周末就這樣沒趣地度過。於是，柏莉說：「我們去問問媽媽，可不可以在家裏搭個帳幕吧！稍後，我們可以叫爸爸改天再帶我們去游泳。」

尋求幫助

　　有時候，我們需要找大人或朋友幫忙，去擺脫失望的感覺。你可以告訴他們，你感到失望，並且感到難過或憤怒，你希望他們協助你趕走失望的感覺，繼續向前走。你可以問問他們有沒有對某些事感到失望的經驗，以及他們怎樣應付這種感覺。

跟失望説再見

　　很多時候，對於那些令人感到失望的事情，你大概在一星期或一個月後就會忘記了！

　　你可以告訴自己——雖然失望的事情現在令我很不好受，但是過一陣子，事情就會變得沒什麼大不了。日子久了，你很可能已經完全忘記令你失望的事情呢！

卡林很難過，他跟隊友在舞蹈比賽中落敗了。可是，他還是很喜歡跳舞。他知道，日後還會有更多比賽的機會，而且他仍然喜歡上舞蹈課。

為你所擁有的東西而感恩

想一想你擁有的東西和你能夠做到的事，這會讓你感到很滿足。也許你因為自己不擅長跑步而失望，但說不定你很會攀石呢。

也許你因為家人不讓你養狗而失望，不過你可能已經擁有了一隻寵物貓；又或是你的朋友養了一隻小狗，你可以時常跟牠一起玩耍。你看，為自己擁有的東西而感恩，能讓你更快樂。

趕走失望，向前行

現在，你已經知道，當我們感到失望的時候，難免也會覺得難過、沮喪，甚至是煩惱、生氣。可是，不要讓自己長時間困在失望的感覺裏。你可以做點事來克服失望的情緒，令自己舒服一點，現在就讓我們重溫這些方法：

- 與其總是想着一些沒有發生的壞事，不如想想接下來可能會發生的好事。
- 多想想自己可以做到的事，而不是自己辦不到的事。
- 做好應變，以防原定計劃不能順利進行。
- 就算自己做不到、得不到想要的東西時，也要祝賀他人的成功。
- 當別人感到失望時，請善待他們。

如果你因為失望而感到十分難過，不要獨自去面對，你可請大人幫忙。除了尋找認識的人幫助外，你亦可以向提供兒童輔助服務的機構諮詢，以下是一些機構例子：

- 社會福利署（https://www.swd.gov.hk）
- 東華三院（https://www.tungwahcsd.org）
- 香港小童群益會（https://www.bgca.org.hk）
- 香港保護兒童會（https://www.hkspc.org）
- 香港明愛家庭服務（https://family.caritas.org.hk）

有時候，我們難免會感到失望。

不過，現在你已學會幫助自己趕走失望的感覺了！

活動

　　以下的畫畫和寫作活動能幫助你去思考怎樣面對失望的感覺。你可以把圖畫和寫下的文字跟這本書放在一起，以便看到自己想出來趕走失望的方法。

- 對着鏡子，裝出一個失望的樣子，然後把鏡中的自己畫出來。

- 回想一次令你失望的經歷。當你感到失望時，有什麼事情發生呢？當時你的想法是怎樣的？你做了些什麼事？你可以畫一幅圖畫，或寫一個故事，把那次經歷記錄下來。

- 既然你已經學會了一些應付失望的方法，接下來，請你畫一幅圖畫或是寫個故事，內容是你現在會怎樣處理那件令人失望的事情。

- 伊芙很失望，因為她的爺爺病了，所以下星期不能跟家人去度假。請你給伊芙寫封信，幫助她趕走失望的感覺。

- 西門表示，要是他下星期得不到板球比賽的門票，他就會非常失望。請你給西門寫封信，說說你想到的應變計劃。即是如果他真的得不到門票，那麼他可以做些什麼事，讓他不會被困在失望的感覺裏。

給老師、家長和照顧者的話

很多事也能使孩子失望，像是沒有獲邀請去派對、考不上心儀的學校、旅行給取消了，或是某個人沒有兌現承諾。當事情不像我們希望或預期的那樣發生，失望之感油然而生。跟大人失望時的心情一樣，孩子失望時，也會感到難過，情緒低落，或者會感到憤怒。

失望的感覺當然不好受，但感到失望不完全是壞事。孩子失望時，你要體諒他、理解他，同時也要鼓勵他，幫他想辦法。不要急於教孩子怎樣做，也不要輕視他失望的感覺，說孩子反應過激或不懂事都是於事無補的。孩子必須學會接受失望並隨遇而安。只要願意面對，失望的情緒就會慢慢平伏，孩子也會漸漸願意接受現實，明白事實是改變不了。

孩子需要學習一些技巧和方法，才能好好應付失望的情緒，以及明白這種感覺是可以克服的。《趕走失望，向前行》提供了不同方法，讓孩子可以跟着做。

雖然你的孩子可以自己閱讀這本書，但如果你能跟孩子一起閱讀，對你們的得益會更大。也許你可以告訴孩子自己的童年往事，談談小時候令你感到失望的事情。你曾經對什麼事情感到失望？那時候，什麼方法能令你繼續前行？

你的孩子可能喜歡一口氣把這本書讀完，但有些孩子較喜歡每次讀幾頁，這樣他們會較易掌握和明白書中的內容。無論是哪個方法，你都可以找到很多話題來跟他們討論。你可以問問孩子，例如：你試過用這個方法嗎？你覺得這個方法怎麼樣？這個方法怎樣幫助到你？你也可以跟孩子談談圖畫裏的人物。

讀過這本書和確認了哪些方法能幫助孩子後，你就要給他們機會，按他們的步調來克服失望，而你則從旁協助他們。你可以重溫本書內容，提醒自己還有哪些方法和提議有助孩子克服失望。要是情況沒有改善，就要跟孩子談談可以試用別的方法。

如果你願意對孩子付出時間、耐心，支持和鼓勵他們，孩子一定能學會應付和克服失望。要是孩子經常因失望而感到傷心，影響他們的日常生活，不妨尋求專業的意見，向醫生或專家求助。